어둠을 밝히는 그대

어둠을 밝히는 그대

김소연 세 번째 시집

그림과책

| 시인의 말 |

저는 태어난 지 3년 만에 예기치 못한 사고로 인해 장애라는 짐을 짊어지게 되었습니다. 어두움에 사로잡혀 괴로워했던 순간들이 많았었는데, 나에게 빛이 되어 온 소중한 인연들 덕분에 오늘까지 잘 살아내고 있습니다.

나의 인생에 빛이 되어 준 소중한 이들에게 감사드리며, 한 분 한 분의 이름을 새겨봅니다.

영적 아버지이자 영적 스승님으로 36년 동안 변함없이 손잡고 함께 걸어와 주신 김유수 목사님(월광교회 원로 목사, 월광 기독학교 이사장), 문학세계에서 스승님으로서 언제나 할 수 있다고 말씀하시고 함께 가자고 말씀하신 손근호 발행인님(월간 시사문단), 10여 년 동안에 변함없이 응원해 주시고 시인이 될 수 있도록 도와주신 박종 원장님(전주 샘물 아동병원, 소아청소년과), 청년 시절부터 나의 맘이 넘어질 때마다 변함없는 관심과 응원으로 손잡아주신 전창근 목사님(문호교회 담임, 양평), 청년 때부터 한결같이 늘 힘을 주신 추민호 목사님(월광샘물교회 담임), 삶에 지쳐서 눈 뜨기 싫을 때 용기를 주신 고현권 목사님(파주 물댄동산교회 담임), 저의 가족을 위해 오랜 세월 동안 후원해 주신 월드비전 무진종합사회복지관 관장님 이하 직원분들, 시인으로 등단하기 전부터 변함없는 관심과 용기를 주시고 힘들 때 위로해 주신 송규상 목사님(월광교회), 시인으로 등단하기 전부터 깊은 관심과 밝은 미소로 용기를 주신 정종철 목사님(월광교회), 나의 첫 개인 시화전을 후원해 주신 김숙이 목사님(밀알교회, (사)청깨 이사 대표), 12년 동안 늘 변함없이 색안경 안 쓰고 손잡고 함께 걸어와 주신 이병호 목사님(열방 꿈꾸는 교회, 합동개혁총회 호남 노회장), 김유경 사모님, 힘들고 지칠 때 늘 밝은 모습으로 챙겨 주신 김정환 목사님(월광교회), 지치고 힘들 때 긍정의 에너지로 기쁨을 주신 김철웅 목사님(월광교회), 한결같이 따뜻한 마음으로 힘들 때마다 새 힘을 주신 김경욱 목사님(월광교회), 청소년 시절에 너무나 힘든 시련을 겪을 때 죽을 고비에서 따뜻한 마음으로 독수리처럼 새 힘을 주고 다시 살고 싶은 마음을 가지게 한 조원용 오빠((주)창의체험 대표, 건축사), 인생의 고통과 슬픔과 아픈 삶 속에서 어둠 속을 헤맬 때 몰래 산타가 되어서 밝은 빛을 비추며 도와 준 김태진 오빠, 힘들고 지쳤을 때 따뜻한 위로를 주신 변만 오라버니, 색안경 안 쓰고 먼저 손 내밀어주고 언제나 한결같이 밝은 미소로 응원해 준 최용규 감독님(전 기아타이거즈 프로야구 선수), 누나가 잘 되길 바라며 늦은 시간에 고통 속에서 전화를 하더라도 용기를 주고 힘을 준 멋진 동생 김성광 교수(광신대 음악 교수), 변함없는 관심과 응원과 밝은 미소로 항상 기쁨을 준 동생 강윤숙 Jazz pianist(호남신학대학교 겸임교수, 광신대학교 초빙교수), 언제나 나에게 용기를 주고 늘 함께 한 기춘희님(전 씨소 뮤지컬 감독), 변함없이 늘 한결같이 응원해 준 이은주 친구, 언제나 좋은 친구로서 힘을 주고 격려해 주는 오일주, 양훈화 부부, 항상 응원을 아끼지 않으며 함께 걸어와 준 동생 주성원, 오유진 부부, 한결같이 깊은 관심을 갖고 용기를 주며 응원해 주는 고마운 동생 김용민, 김영미 부부, 친절한 마음이 담긴 응원과 관심으로 어둠을 밝혀주신 임소영 약사님, 걸음이 안 걸어질 때부터 10년 넘게 치료해 주시고 도움을 주신 김진혁 원장님(상무한의원), 잘될 거라며 힘과 용기를 주고 언제나 응원해 준 김민철 원장님(한의사), 시인이 되기까지 많은 조언을 해주고 밝은 미소로 나에게 용기를 주신 정미숙 선생님, 혈관이 막혀서 힘들어하는 나에게 새로운 희망과 도전을 할 수 있게 해주신 이혜정 언니(아트인 소담 대표원장님), 깊은 관심과 배려로 희망을 노래할 수 있게 해주신 나송숙 교수님(기독간호대학교), 어떤 상황에서도 손을 놓지 않으시고 늘 응원해 주신 허복순 권사님(월광교회), 청소년 시절 많은 이들이 나를 외면할 때 나의 손을 잡고 여러 곳을 다니면서 큰 꿈을 갖게 해주신 김광일 선교사님, 변함없이 항상 응원해 주시는 심은경 대표님(심 웨딩컨설팅), 등단했을 때부터 지금까지 글 쓰는 데 많은 조언을 해주시고 관심과 용기를 주신 이종학 시인님(월간 시사문단), 아픈 나에게 먼저 다가와서 손을 내밀어 주고 힘이 되어주신 김주화 시인님(월간 시사문단), 색안경을 쓰지 않고 늘 변함없이 용기를 주시고 따뜻한 미소로 응원해 주신 김화순 시인님(월간 시사문단), 누구보다 먼저 밝은 미소와 관심으로 응원해 주신 신현철 시인님(월간 시사문단), 삶에 지치고 눈물 나도록 고통과 싸울 때 많은 사람들이 외면할 때 나의 손을 잡아주고 함께 동행하며 좋은 일들을 만들어보자고 말해 주신 김수현 편집부장님(월간 시사문단), 항상 곁에서 응원해 주는 우리 가족들과 지면의 한계로 인해 미처 기록하지 못한 고마운 분들에게 감사드립니다. 삶의 여정 가운데 어둠 속을 걷고 있는 이들이 이 책에 쓰인 시를 통하여 어둠에서 빛으로 빠져나오는 기적이 일어나길 바랍니다.

2025년 여름

김 소 연

차 례

4   시인의 말

1부

14   내 인생의 가로등
16   커피를 쏟다
17   그때 그 사람
18   그대를 만나는 날 내 잔이 넘치네
19   나에게 편지를 보낸다
20   황혼의 사춘기
21   최고의 유산
22   내가 꽃이라면
23   숨바꼭질
24   단 하나의 가치
26   추억의 사진관
27   바람이 전하는 말
28   소박한 행복이여
30   눈을 뜨면
31   스승님 사랑 -김유수 목사
32   삶이 묻는다
33   그대와 손잡기
34   사랑의 묘약
35   시인의 마음가짐
36   스트레스 날려 보내기
37   나그네의 삶은 아름다워라
38   행복한 거울
39   딱따구리

2부

42 어머니의 인생
43 나의 뜰
44 어둠을 밝히는 그대
46 두 길
48 공짜가 줄 수 있는 행복
50 사랑의 둥지
51 삶이 가르쳐 준 사랑
52 말 그릇
53 물레방아
54 인생의 의미
55 꽃밭에 서니 −추민호 목사
56 별 그대
57 침묵 속에 때를 기다리자
58 행복한 풍경
59 사랑과 기쁨 주렁주렁
60 인생은 여행 중
61 또 하나의 가족
62 쨍하고 해 뜬 날
63 그대에게
64 다짐
65 멀리 돌아가는 인생
66 초대장
67   행복 문

3부

70 얼굴
71 배려가 아름다운 그대
72 바람과 꽃잎
73 버스 정류장
74 꽃에게 배운다
75 그대여 걱정하지 말라
76 세월 가는 소리
77 키다리 아저씨
78 산다는 건 최고의 용기
79 그대 덕분
80 내 인생은 한 송이 꽃
81 코스모스 길
82 향기 가득한 곳에 –전창근 목사
83 좋은 인연
84 별을 쳐다보기
85 힘을 주는 말 속에 꽃은 핀다
86 감격의 순간이 올 때까지
87 나를 아름답게 만드는 삶을 위해
88 둥글게 둥글게 사는 인생
89 장애물 넘기
90 이것이 인생이다
91 내 인생은 **빨간** 장미

4부

- 94 그대와 내 운명
- 95 빈 잔의 자유를 보라
- 96 산다는 것은
- 97 말의 무게
- 98 가을 엽서
- 99 삶의 파트너
- 100 어느새
- 101 박수 받을 때까지
- 102 소중한 하나
- 103 그대여 내게 기대어
- 104 눈물 젖은 빵
- 106 사랑의 실천은 왼손이 모르게
- 107 노을과 참새
- 108 그대의 눈을 보면
- 109 가을과 낙엽
- 110 그대에게
- 111 세월의 강
- 112 뿌리 깊은 나무 -고현권 목사
- 113 가면 속 나의 모습
- 114 흘려보내기
- 115 인생의 맛

- 116 해설

1부

나의 삶이

가끔 나에게 묻는다

지금 가는 길 괜찮으냐고

내 인생의 가로등

남녀노소 가리지 않고
가는 길을 밝게 비춰주는
참 고마운 길동무

세상에 어둠이 깔리면
어김없이 빛을 발하는 가로등

평소에는
소중함을 느끼지 못하고
당연하게 누렸었다

홀로 걸어가야 하는 인생길에
어두움이 짙게 깔려
고독으로 몸부림치던 나에게

다정하게 다가와
따뜻하게 위로해 주며
내가 가는 길을 비춰주고
내 마음을 밝게 해 주는 그대

어둡게만 보이던 나의 앞길에

밝은 빛을 선사해 주는 그대는
내 인생의 가로등

그대의 고마운 배려
잊지 아니하리라.

커피를 쏟다

햇살이 창문으로 들어와
밝게 비춰주는 아침

세월이 흘러도 잊히지 않는
어릴 적 친구를 생각하며
따뜻한 커피를 마신다

기분 좋은 날에는
커피 향도 감미롭다

어느 날
실수로 커피를 쏟아버려
감미로운 커피 향을 맡을 수 없게 되었고
바닥에 쏟아져 버린 커피
주워 담을 수 없었지만
다른 커피를 마실 수 있었다

우리 인생 여정에는
진한 커피 향을 맡으며 살아가는 순간도 있고
커피가 다 쏟아져 버린 절망의 순간도 있다.

그때 그 사람

힘겨운 삶에 허덕이며
어찌할 바 모르던 나에게
마음을 다해 위로해 주고

몸도 마음도 다 망가져
막막하던 나에게
마음을 다해 격려해 주고

삶이 나의 뜻대로 되지 않아 풀이 죽어 있을 때
힘을 주고 용기를 준 사람

나의 삶에 대해
미주알고주알 이야기할 때
진심 어린 눈으로 공감해 주고

언제 어디에서 무엇을 하든
한결같은 마음으로 사랑을 나눠주던
그때 그 사람

그 사람을 만나면
나는 아주 행복한 사람이 된다.

그대를 만나는 날 내 잔이 넘치네

지난 세월
가슴에 피멍울 지고
괴로움으로 힘들어할 때
진실한 마음으로
나를 위로해 준 그대

아픔과 고통 슬픔이 따라다니는
나의 인생길에서
그대를 만남으로 인해
내 잔에 기쁨이 차오르고

금방이라도 터질 것 같은 꽃망울처럼
하루하루 설레이는 소중한 시간 속에
그대를 향한 생각으로
내 잔에 그리움이 쌓여간다

근심 걱정 많은 날에도
미소 지을 수 있게 하고
연약한 나에게
큰 힘이 되어주는 그대가 있어
내 잔에 희망이 넘쳐난다.

나에게 편지를 보낸다

찬바람 나는 추운 계절에
나에게 편지를 보낸다

비록 혹독할지라도
난 견딜 수 있어

파란 하늘과 푸른 초원을 품은
따뜻한 계절이 곧 찾아올 거야

푸른 잎이 다 떨어졌어도
아직 살아 있는 저 나무들처럼

젊은 시절이 다 지나가고 있어도
내 마음은 아직도 청춘이다

여전히 행복한 삶을 노래하고
푸른 꿈을 꿀 수 있기에
아직도 나에겐 희망이 있다.

황혼의 사춘기

들에 피어 있는 꽃을 보면
그냥 지나치지 않고
꽃향기를 맡아보며

불어오는 바람에
마음을 맡기고
어딘가로 가고 싶은 나이

가까운 사람과 함께 나누는
사소한 대화에도 즐거워하는
황혼의 소녀

세월을 따라 쌓아 온 경륜으로
온화함이 묻어나는 황혼
자기 안에 있는 향기를
소중하게 가꾸어간다

젊은 시절의 노력과 헌신이
아름다운 황혼의 사춘기를
선사하여 줄 것이라 믿고 싶다.

최고의 유산

눈부신 아침햇살 아래
이슬방울이 반짝이는 길을 따라
그대를 만나러 갑니다

그대와의 만남은
내 인생의 가장 행복한 선택

하늘처럼 맑은 그대 마음에
나의 꿈을 기대어 봅니다

외로움을 달래주며
내 마음속 깊이 스며드는
그대의 위로와 배려

내 생애 마지막 순간까지
선명하게 떠올리며 기억하리라

나에게 그대는
하늘에서 내려준 최고의 유산.

내가 꽃이라면

빠르게 흘러가는 세월 속에
하늘 한번 제대로 올려다볼
시간을 누리지 못했는데
그대와 함께했던 지난날은
쓸쓸한 추억이 되어 버렸다

오늘만큼은
시간을 쪼개어
아침햇살을 받으면서
그대와 손잡고
눈길 닿는 곳으로 함께 걸으며
행복한 나들이를 해야겠다

내가 꽃이라면
그대의 마음속에
아름다운 향기로 들어가
그대가 소망하는 행복의 정원에
아름다운 향기 가득하게 하고 싶다.

숨바꼭질

숨바꼭질 놀이하다
어느덧 날이 어두워져
아이들은 모두
집으로 돌아갔는데
너는 꼭꼭 숨어서 나오지 않았지

한참을 찾다가
부스럭거리는 소리에
널 찾아냈었지

내 인생은
지금도 숨바꼭질 중이다

나의 삶에 묻어있는 숱한 사연들
하나씩하나씩 꺼내며
마음속 깊은 곳에
꼭꼭 숨어있는 행복들
내가 살아온 발자국 소리 따라 들어가
내 가슴에 새겨진
아름다운 추억 속에서 찾아낸다.

단 하나의 가치

알 수 없는 미래를 향해
끊임없이 노력하고 인내하며
한 걸음 한 걸음 나아가는
멈추지 않는 도전

칠흑 같은 어둠 속에서
주위를 밝게 해주는
자그마한 한 자루 촛불

비록 짧은 노래일지라도
듣는 이에게 감동을 선사하는
의미 있는 한 곡의 노래

때로는 자신을 위해
때로는 타인을 위해
따뜻한 마음으로 건네주는
밝은 미소

세상을 긍정적으로 바라보면
가치 있는 것들이 참 많다

그중에서 나에게 가장 소중한
단 하나의 가치는
아낌없이 주는 사랑이다.

추억의 사진관

한결같은 마음으로 간직하고 싶은
찬란한 사랑

언제 어디 있다 하더라도
잊을 수 없는 추억

내 마음속 액자에 걸어둔 사랑은
아직도 청춘인데

나의 꽃다운 청춘은
가는 세월에 저물어간다

다시 오지 않을 이 시간 이 모습
더 예쁘게
더 멋지게

나의 추억의 사진관에
곱게 곱게 걸어둬야겠다

더 늦어지기 전에.

바람이 전하는 말

삶이 힘에 겨워
어찌할 바 모르던 나에게
도움의 손길을 내어주며
햇살처럼 환하게 웃어주던 그대

그대의 넓고 깊은 마음
하늘은 알고 있겠지

고마운 마음 가득 담아
시원한 솔솔바람에 실어

내 마음속 작은 등불을
그대에게 나눠주리니

그대여
마음을 다잡고
환하게 웃으며 다시 일어나시게.

소박한 행복이여

행복을 추구하며 살아가는
우리 인생길에

사소한 일에도
마음이 흔들리는 때가 있고
감당하기 힘든 일을
꿋꿋하게 버텨내는 때도 있다

어느 날
예고 없이 밀려오는 슬픔에
서러워 눈물 흘릴 때

서러움을 멀리멀리 날려버리고
행복한 시간 속으로 들어가도록
따스한 햇살처럼
포근하게 감싸주던 그대

나의 마음이
흐린 날이든 맑은 날이든
항상 곁에서 나를 지켜주던
그대 덕분에

욕심을 조금 내려놓고
마음을 다스리며
소박한 행복으로 하루를 채워간다.

눈을 뜨면

향기로운 꽃도 시들면
화려했던 모습이 사라지고 마는데
아름다운 저녁노을은
해가 저물어 가면서
더 아름다워지는구나

내리는 비를 가두기만 하면
결국 넘치고 마는 것이 당연지사

혼자서 부르는 노래는
아무래도 외로움이 느껴지니
마음 나눌 인연을 만나
함께 인생을 노래하며
외로움을
마음에 가두지 않으리라

마음의 눈을 뜨면
인생을 이해할 수 있으려나
내 인생의 여정이 끝날 즈음엔
원숙한 나를 만나고 싶다.

스승님 사랑
-김유수 목사

살아가면서 이런 일 저런 일로
마음이 어두워질 때나
고난이 연속되는
힘든 일에 부딪칠 때마다

스승님께서는 나에게
용기라는 등불을 밝혀주시며
나의 마음에
밝고 고운 등불 하나 밝혀주신다

인생의 황혼이 될 때까지
언제나 나와 동행하며
아름다운 삶을 알려주시고
아낌없이 사랑을 나눠주셨다

어두운 터널을
홀로 지나는 것 같은 삶 속에서
끝을 알 수 없다는 이유로
외로움과 원망이 스며들 때
뚜벅뚜벅 걸어오시는 나의 스승님.

삶이 묻는다

지금까지 내가 걸어온 길
녹록지 않은 삶이었지만
견뎌내니 다 지나가더라

남은 인생 여정 또한
아무리 모진 세월이라 해도
다 지나가겠지

살아보니
좋은 일도 나쁜 일도
영원하지는 않은 것 같다

삶의 문제에 부딪히며
답을 찾아가는 것이
우리네 인생 여정이다

나의 삶이
가끔 나에게 묻는다
지금 가는 길 괜찮으냐고.

그대와 손잡기

혹독한 세상살이에 시달리며
찢기고 상처 입은 내 마음에
살포시 내려앉은 그대

내 삶의 한가운데로
소슬바람 타고 들어왔네

따사로운 햇살처럼 반짝이는 얼굴로
내 삶의 여정에 들어와

굳게 자리 잡은 그리움을 달래주려고
함께 걸으며 나의 손을 잡아준다

나 또한
그대의 손을 꼭 잡고
함께 걸어가는 중이다.

사랑의 묘약

꽃처럼 아름다운 미소로
사랑을 나눠주는 그대

그대의 웃음에
내 마음의 매듭이 스르르 풀리고
너무 행복해서 눈물이 난다

내가 미소 지을 때
나를 따라 미소 짓는
사랑하는 사람들

아무래도
웃음이 최고의 묘약인 것 같다

사랑은
주는 만큼 다시 채워지는 것

사랑의 묘약을 주고받으며
우리들의 사랑은 깊어간다.

시인의 마음가짐

비록 괴로운 일이 있어
마음이 불안정할 때일지라도

시의 뜰 안으로
한 발짝 한 발짝 들어가면
시는 어느새 나를 감싸준다

눈물로 시를 써 내려갈 때
나의 눈물을 닦아주는 한 편의 시

기쁨으로 써 내려갈 때
내게 희망을 안겨주는 한 편의 시

시를 통해 감동을 받고
시를 통해 치유를 얻는다

아름다운 마음으로 세상을 바라보면
시를 더 사랑할 수 있을 것 같다.

스트레스 날려 보내기

살아가는 동안에
누군가로 인해 화가 나고
스트레스가 쌓일 때
마른 솔잎 태우듯
조용히 풀어가고

상처와 고통으로 인한 아픔은
질긴 것을 씹듯이 인내하며

억울한 일을 당하여
삶이 고단하다고 느껴질 때
지나가는 바람일 뿐이라 생각하며
너무 마음 아파하지 말자

어린 아이처럼 맑은 눈으로
세상을 바라보며

화가 나는 것 고통스러운 것
모든 스트레스를
불어오는 바람에 그냥 실려 보내자.

나그네의 삶은 아름다워라

외로움에 몸부림치는 그대
세상사에 지쳐 힘들거든
푸른 솔가지에
햇살이 따사로이 내리쬐는 숲속이나
죽 향이 코끝을 간질이는 대나무 숲처럼
물 맑고 공기 좋은 곳에
그대 마음 내려놓아 보시게

이 세상 살아가며 맺은 인연들에게
좀 더 마음을 비우고
욕심을 내려놓고
밝고 씩씩하게 다가가 보시게

빈손으로 왔다가
빈손으로 가는
나그네의 삶

조급해하지 않고
여유롭게 살아갈 수 있다면
아름다운 나그네의 삶이 아니겠는가?

행복한 거울

지나간 날을 회상해 보니
사는 게 비록 힘들지라도
힘이 드는 만큼
더 행복해질 수 있는 것 같다

오늘 나는
따뜻한 정이 흐르는 곳에서
마음이 따뜻한 사람들을 만나
마음의 문을 활짝 열어
행복하게 이야기를 나눈다

마음의 문을 열면
행복이 끊임없이 다가온다
부지중에
나의 모습이 거울 속으로 들어가
내 마음이 따뜻해지는 것 같다

마음이 통하는 사람들은
차츰차츰
서로를 닮아가는 것 같다
마치 행복한 거울을 보듯.

딱따구리

살아가는 동안에 만났던 갈림길에서
갈 길 몰라 망설이고 있을 때
두려워 말라 하며
나의 길을 열어준 그대

어려운 일에 부딪혀 눈물 흘릴 때
손수건을 건네주며
나를 위로해 준 그대

누군가
나를 곤경에 처하게 할 때
마치 새끼를 보호하듯
강한 부리로 막아주는
그대는 나의 딱따구리

그대가 있어
나의 마음이 여유로워지고
나의 삶이 탄탄해진다.

2부

인생길 가노라면

어둠 속에서

힘이 들어 지칠 때가 있다

그 힘든 길에

어둠을 밝혀주는 그대가 있어

커다란 위안이 되었다

어머니의 인생

때로는 폭풍 속을 걸어가듯
때로는 어두운 터널 속을 걸어가듯
힘겹게 살아온 어머니
속절없이 흘러가는 세월 속에
마음 둘 곳 없어 애잔하다

힘들고 지쳐 쓰러져 있는 자식을 위해
주저함 없이 등을 내어주고
아픔과 고통도 감내하며
든든한 버팀목이 되어 준 어머니
이마에 깊게 새겨진 주름살엔
간절한 소망으로 힘든 세월을 견뎌낸
삶의 흔적이 묻어난다

조건 없는 사랑으로
오로지 자식들의 미래를 위해
삶의 현장에서 고군분투하시는 어머니
당신은 나의 마음속에
아름다운 별빛으로 새겨져 있습니다.

나의 뜰

내 인생의 여정에서
길을 잃고 헤매이다
찢기고 상처 입은 내 영혼이
고단했던 날들을 회상할 때
나의 뜰에
사뿐사뿐하게 다가와
나풀나풀 춤을 추는 나비처럼
내 영혼에 살포시 내려앉아
포근하게 감싸주는 추억들

기쁨과 슬픔이 어우러진
안갯속 같은 인생 여정에
서두르지 말라 하네

봄 여름 가을 겨울이
순차적으로 지나가고
만남이 있으면 헤어짐이 있듯이
나의 영혼의 뜰에도
세월은 그렇게 흘러간다.

어둠을 밝히는 그대

어둠이 깔려오는 어느 밤
지친 마음으로 귀가하는 길에
깊어가는 밤하늘을 바라보며
지나간 세월을 회상한다

인생길 가노라면
어둠 속에서
힘이 들어 지칠 때가 있다

그 힘든 길에
어둠을 밝혀주는 그대가 있어
커다란 위안이 되었다

인생의 여정이 험난하여
포기하고 싶어질 때마다

따뜻한 가슴으로 다가와
동행하며 말벗이 되어주는 그대

깊이 파인 내 삶의 상처에 살이 차오르듯
어둠을 뚫고 떠오르는 태양처럼

나의 기억 속 상처에
따뜻한 위로가 되어주었다

그대 덕분에 외롭지 않았던 것에 감사하며
이제 나도 그대처럼
누군가의 어둠을 밝혀주는 사람이 되고 싶다.

두 길

하늘이 맑고 바람이 잔잔한 날
아름드리나무들이 쭉 늘어서 있는
메타세쿼이아 길을 걸으며
그대와 함께한 옛 추억을 떠올린다

힘들게 걸어왔던 지난날들
그대가 곁에 있어 행복했다

다가올 날들 또한
서로 의지하며 걸어갈 것이다

그대가 나를 사랑한다고 해도
그대와 나의 가는 길이
항상 같을 수는 없겠지

함께 가는 길이지만
그대는 그대의 길
나는 나의 길을 가야 한다

앞으로 살아갈 두 길이
결코 순탄하지는 않겠지만

온화하고 아름다운 미소로
잔잔하게 서로를 감싸주며
그대와 나의 길을 묵묵히 걸어가세.

공짜가 줄 수 있는 행복

우리 사는 세상
각박한 세상같이 느껴지지만

알고 보면
넉넉한 것도 꽤 많은 세상이다

창가로 들어오는 햇살 받으며
찻잔 속에 흐르는 그리움에 젖어
향수를 느끼는 마음
공짜

숲속 오솔길을 걸으며
신선한 공기를 들이마시는 것
공짜

나의 마음속에
그대의 사랑이 들어와
행복하게 느끼는 것
공짜

이 세상에 나오는 순간부터

나에게 주어진 수많은 시간
역시 공짜

내가 갖지 못한 것에
너무 아쉬워하지 말고
공짜가 주는 행복을
소중하게 여기며 살아야겠다.

사랑의 둥지

산들바람 시원하게 불어오는
작은 호숫가

그대와 함께 나누었던
푸근한 추억이 깃든
사랑의 둥지에서

이슬처럼 맑고 깨끗한
그대 눈망울을
가만히 떠올려본다

호숫가 푸른 풀밭에
새싹이 돋아나듯

내 마음 깊숙한 곳에
그대 향한 그리움이 움튼다.

삶이 가르쳐 준 사랑

버거운 세상살이에
나의 마음이 억눌려 있을 때
잠시 호흡을 가다듬고
옛 추억을 떠올려본다

새들이 즐겁게 노래하고
나비들은 춤을 추며 날아다니던
그리움이 있는 추억의 그곳에서
담쟁이넝쿨의 의지를 보았다

삶의 힘든 순간에 놓여있는 그대
그대가 아픔을 이겨낼 때까지
인내하고 기다리면서
삶이 내게 가르쳐 준 사랑으로
그대를 응원하리라.

말 그릇

우리는 말을 통해서
각자의 마음을 전하며 살아간다

말에는
보이지 않는 그릇이 있다

잘하고 있어 멋져라며
자존감을 키워 주는 말
너는 그것도 못 하니라며
상처를 주는 말
괜찮아 다 잘될 거야라며
위로해 주는 말

같은 말이라도
기분이 좋아지게 하는 사람이 있고
마음을 상하게 하는 사람이 있다

나의 인생 여정
언제 어떻게 될지 알 수 없지만
될 수 있으면
예쁜 말 그릇들로 가득 채워가고 싶다.

물레방아

하늘에 떠 있는 조각구름들
불어오는 바람 따라
유유히 흘러 다니고
길 가엔 물레방아가
한 바퀴 또 한 바퀴
쉬지 않고 돌아간다

내 인생도 물레방아처럼
쉬지 않고 돌고 돈다

나를 향한
그대의 관심과 사랑이
물레에 가득 찰 때
내 인생의 물레방아는
더 힘차게 돌아간다

하염없이 흐르는 세월 아쉽긴 하지만
남은 세월 후회하지 않게
새로운 날들을
감사함으로 가득 채워가야겠다.

인생의 의미

서로를 위로하고 배려하며
더불어 함께 살아가는 우리는
참 좋은 인연

언제나 곁에 머물면서
나에게 힘이 되어 주는
그대가 있어 참 행복하다

나보다 남을 더 낫게 여기고
헛된 욕심을 버리라 말하던
그대의 다정한 목소리가
여전히 생생하게 귓가에 맴돈다

나의 부족함을 알고 있기에
오늘도 나는
그대의 말에 귀 기울이며
인생의 참 의미를 배워간다.

꽃밭에 서니
−추민호 목사

그대는 장미꽃
나는 해바라기꽃
우린 각자의 향기를 뿜어낸다

다른 이들의 마음에
아름다운 꽃을 피우려고
진한 향기를 뿜어내는 그대

그대와 함께 꽃밭에 서니
그대는 수많은 꽃들보다
더 아름답게 보인다

그대와 함께 있으니
꽃보다 고운 그대 마음에
내 마음이 자꾸 스며든다.

별 그대

오래전부터
맑게 미소 지으며
내 주위를 밝게 비춰주는
그대 별

캄캄한 나의 삶에 들어와
어두운 나의 마음을 환하게 밝히는
그대 별

환한 미소로 내게 다가와
닫힌 마음을 열어준다

포근하게 감싸주는
그대의 마음에 고마워
미소가 절로 지어진다

아름다운 마음으로
지친 영혼을 달래주는 그대
내가 세상 어디에 있더라도
나를 비춰 줄 그대가 있어
지금 나는 행복하다.

침묵 속에 때를 기다리자

지치고 힘든 일상에서
툭툭 털고 일어나기 위해 준비하는데
그 시간이 자꾸 길어짐으로 인해
확신은 점점 사라져 가고
불안한 마음이 엄습해 온다

그 순간 마음은 조급해지며
뛰어나가 검을 휘두르고 싶어진다
때를 기다리지 못하고
무딘 칼을 휘둘러댄다면
아무것도 이룰 수 없다

어둠 속에서 괴롭고 힘들겠지만
나날이 발전하는 내 모습을
거듭 상상하고 확신하며
상처투성이가 될지라도
침묵하며 때를 기다리자

일어나지 않을 일에 대해 너무 걱정하지 말고
검이 예리해질 때까지 인내하며 힘을 기른다면
반드시 때가 올 것이다.

행복한 풍경

어둠을 밀어내고 솟아오르는
저 붉은 태양처럼
내 마음의 상처에
새살이 돋아나게 하는 그대

어느새
내 마음에 들어와
사랑의 씨앗을 뿌려
꽃을 피우고 열매를 맺었네

그대가 나누어 준 사랑으로
나의 맘속에
아름답게 만들어지는
행복한 풍경 덕분에
오늘도
하루를 기쁘게 맞이한다.

사랑과 기쁨 주렁주렁

커튼 너머로 불어오는 싱그런 바람이
코끝을 살짝살짝 간지럽히는 아침

따스한 아침 햇살 덕분에
나의 얼굴엔 미소가 피어나고
싱그러운 아침 바람 덕분에
나의 맘은 가벼워진다

오늘도 나는
누군가를 만나러 간다
높푸른 하늘에 주렁주렁 열린 조각구름처럼
포도나무에 주렁주렁 열린 포도송이처럼
나의 인생 여정에
주렁주렁 열린 아름다운 인연들

다가오는 아픔을 견뎌내며
겸손의 열매로
사랑과 기쁨이 주렁주렁 열리게 하는 것이
진정 아름다운 삶이라며
조용히 다가와 속삭인다.

인생은 여행 중

우리의 인생은
목적지를 알 수 없는 승차권을 쥐고
누군가와 함께 떠나는 여행 길

연습도 없고
되돌아갈 수도 없고
중도에 하차할 수도 없는
우리의 인생 여정

나름대로 여정을 계획하지만
때로는 마음에 들기도 하고
때로는 만족스럽지 않은 게
우리의 인생 여정

저마다의 길을 만들어가는 인생 여정에서
원하는 것을 모두 손에 쥘 수는 없겠지만
오늘도 나는
소중한 하루하루를
웃으며 행복하게 살고파
나의 길을 만들어가는 중이다.

또 하나의 가족

창문으로 들어오는 아침햇살이
온몸을 따스하게 감싸주듯
언제나 나의 마음을 감싸주던 그대

외로움에 힘들어할 때
곁에서 함께 해준 그대는
또 하나의 가족

아름다운 그대 마음에
나의 가슴이 뭉클해진다

마음을 터놓고
진심으로 대해주는
그대가 있기에

외롭고 힘든 현실에서
무너지지 않고 버텨낼 수 있는
새로운 힘이 솟아난다.

쨍하고 해 뜬 날

싱그럽고 신선한
아침 공기를 마시며
상쾌하게 하루를 시작한다

밤새 꿈꾸던 나의 소망이
아름다운 꽃으로 피어날 듯
왠지 좋은 일이 생길 것 같다

따스하고 포근한 인연
즐겁고 행복한 순간들
오래오래 지속되면 좋겠다

언제 어디서 무엇을 하든
변함이 없는 마음으로
서로 사랑을 꽃피우며

쨍하고 해 뜬 날을
자주 맞이하면 좋겠다.

그대에게

상쾌한 전화벨 소리와 함께
산들바람을 따라 흘러오는
그대의 향기

너울너울 나비 춤추듯
맑고 푸른 호숫가로 날아와
나의 맘을 설레게 한다

호숫가 푸른 잔디 위에 앉아

꽃잎에서 떨어져 내리는
이슬방울 소리와
햇살 아래에서 울어대는
방울새 노랫소리를

은은한 꽃향기와 함께
그대에게 날려 보낸다.

다짐

나의 의지와 상관없이
발생하는 일 때문에
비난을 받고 상처를 입어

나의 마음
한없이 움츠러들 때가 있었다

이제는
창문을 열어 시원한 바람을 맞이하듯
마음 문 열어 행복을 맞이하고

소중한 나의 삶을 위해
닫혀있는 마음을 열어주어야겠다

햇볕 같은 따뜻한 미소로
주변을 환하게 비춰 주기 위해

예쁜 얼굴 가꾸는 것보다
예쁜 마음 가꾸는 것에
더 많은 시간을 내어줘야겠다.

멀리 돌아가는 인생

엄마가 쥐여주는 차표 한 장을 손에 쥐고
눈을 뜨자마자 출발하는 인생 여행
마치 새벽부터 거침없이 달려가는
저 기차 같구나

어둠이 쫙 깔린 터널을 지나면
코스모스 활짝 웃는 아름다운 들녘이 보이고
숨이 차도록 가파른 언덕길엔
마음을 상쾌하게 해주는 푸른 숲이 보이고
구불구불 조심스럽게 강변을 지나면
마음을 넉넉하게 해주는
넓고 푸른 바다가 보인다

새벽 기차 타고
멀리 멀리 돌아가는 인생길
지나온 길은 되돌아갈 수 없으니
후회가 남지 않게
주변을 세심하게 둘러보고
할 수 있다면
아름다운 것들만 마음에 담고 가자.

초대장

고난과 시련이 있는
힘든 가시밭길을 걸으면서도
사랑하는 마음으로
세상을 바라보는 그대여

세찬 비바람이 몰아쳐도
의연하게 버텨내는 나무들처럼
굳세고 듬직한 의지로 이겨내어
서로 이해하고 배려하며
아픔도 함께 나누고
따뜻한 차 한잔 마시면서
마음을 열어놓고
편안하게 이야기하는
멋진 사람들이 있는 곳

비가 온 뒤 멋지게 떠오르는
일곱 빛깔의 고운 무지개 위로
사부작사부작 올라오라.

행복 문

슬픈 일들로 인하여
의기소침해진 나를
살며시 보듬어주는 그대

길이 아무리 좁고 험할지라도
용기를 내어
세상 밖으로 나가라 하네

위축되어 있는 마음 털어내고
문을 열고 세상 밖으로 나오니

눈부시게 반짝이는 햇볕이
나의 마음을 따뜻하게 감싸주고

사방에 흩어져 있는 별빛들
나의 마음을 밝게 비춰준다.

3부

파란 하늘과 잘 어울리는

잔잔한 호수처럼

서두르지 말고 차분하게

새들 노랫소리에 귀 기울이고

꽃 향기 맡으며

그렇게 살라하네

얼굴

얼굴은
그 사람의 삶을 보여준다

많은 사람들은 나이들수록
까탈스럽고 고약한 인상보다는
밝고 선한 인상을 간직하고 싶어 하며

화를 내며 찡그린 얼굴보다는
웃으며 미소 띤 얼굴
고운 마음이 담긴 고운 얼굴을
간직하길 원할 것이다

다양한 사람들이 모여
함께 살아가는 세상에 왔으니
아침엔 따뜻한 미소로 하루를 열고
저녁엔 편안한 미소로 하루를 마무리하며

젊은 날의 활기찬 얼굴
황혼까지 이어간다면
그보다 더 행복한 건 없겠지.

배려가 아름다운 그대

상상 속의 꽃 우담바라처럼
오랜 기다림 끝에 피어난
소중한 인연

내가 실수할 때 감싸주고
말없이 챙겨주며
내 아픔 알아준 그대

나 슬퍼할 때
함께 슬퍼해 주고
구멍 뚫린 내 가슴에
따뜻한 햇살로 가득 채워주는
배려가 많은 아름다운 사람

수많은 세월을 돌고 돌아
인연의 끈으로 맺어진 사랑

아름다운 열매를 맺으며
늘 곁에 있어 주면 좋겠다.

바람과 꽃잎

거세게 불어오는 바람에
떨어져 내리는 나뭇잎
힘없이 바닥에 나뒹굴고
나뭇잎이 창가를 두드리는 소리에
나의 하루가 시작되었다

바람 소리 거세고 강하게 들려오고
길 가는 사람
휘청거리며 걸어가는 이 아침에
내 아픔을 아는지
바람에 날려 온 꽃잎이
다가와 말을 건넨다

저 숲속에는
나뭇잎도 꽃잎도
아직 많이 남아 있다며
이겨낼 맘이 남아 있다면
끝까지 힘을 내보라고
그러다 보면
새로운 힘이 생겨날 수도 있다고.

버스 정류장

좋은 친구도 만나고
반가운 사람들도 만나고
수많은 사람들이 오고 가는
버스 정류장

곧 만나게 될
누군가를 생각하며
사람들을 태우고 달려오는 버스를
설레임으로 기다린다

되는 일보다
안 되는 일이 더 많은 것처럼 느껴지는
세상살이에 지쳐버린 나

오랫동안 만나지 못한
정든 이를 만나고 싶어

삶이란 정류장에 내려
오매불망 기다리고 있다.

꽃에게 배운다

숲속에 있는 수많은 풀과 나무들
자기들의 특성을 잘 드러내어
꽃을 피우고 열매 맺으며
조화롭게 잘 지내고 있다

다른 것들과 비교하지 않으며
자신의 모습 그대로 장점을 잘 살려
자기만의 꽃을 피우는
풀과 나무처럼
우리도 그렇게 살아간다면
세상이 얼마나 아름다울까

휘몰아치는 삶의 여정에서
숨이 막히는 절박한 순간을
필사적으로 버텨낸 세월

남들과 비교되는 삶을 살아왔던 나
이제는 나만의 특성을 잘 살리며
숲속에 있는 꽃들처럼
그렇게 살아가고 싶다.

그대여 걱정하지 말라

남몰래 눈물 흘리는 시간이 많고
삶의 어려운 문제로
힘겨워하는 그대

어제와 오늘이 다를 바 없고
내일 또한
별 볼 일 없는 하루일지라도
다가올 것들에 대해
너무 걱정하지 마시게

그대 덕분에
많은 것을 배우고
행복을 느끼는 이도 있다네

살아가는 공간은 다르지만
마음은 같은 곳을 향하는
고마운 사람들이 있으니

오늘 해야 할 일을 구상하며
새로운 날에 대한 기대로
하루를 시작해 보시게.

세월 가는 소리

가을 겨울 지나고
또다시 가을이 오고 있는데
풋풋했던 내 청춘
어디로 갔을까

나는 아직 여기 있는데
세월은 자꾸 가는구나

아팠던 기억 희미해지고 있어도
열정은 아직 남아 있건만
내 청춘
그렇게 빠르게 지날 줄이야

흐르는 세월 속에
나의 봄날은 갔지만
세월의 가르침을 상기하며
부질없는 욕심을 버리고
또 다른 봄을 맞이해야겠다.

키다리 아저씨

마음이 답답할 때
곁에서 조용히 얘기 들어주며
다정하게 함께해 주는
키다리 아저씨의 넉넉한 마음

고단하고 힘이 들어
풀이 죽어있는 나에게 다가와
토닥토닥 등을 두드려주는
키다리 아저씨의 따뜻한 마음

맑은 호수 같은 눈으로
지그시 바라보며 위로해 주는
키다리 아저씨의 착한 마음

나를 행복하게 하고
기쁨이 넘치게 하던 날들
예쁜 추억으로 남아있다

그에게 받은 행복을
다른 사람들에게 나눠주고 싶다.

산다는 건 최고의 용기

두렵고 불안한 마음으로
하루를 보내면서

흘러가는 구름을 바라보며
불어오는 바람에 몸을 맡긴다

숨을 쉬는 것이 너무나 자연스러워
숨을 쉴 수 있다는 것에
고마움을 느끼지 못하고 살았었다

삶을 포기하고 싶을 때가 있었지만
소중한 사람들의 관심과 사랑이
다시 용기를 내어 살아가게 했었다

눈에 보이지 않는 소중한 것이
나의 곁에 존재한다는 것을
결코 잊지 않으리라.

그대 덕분

꼬불꼬불한 길
가파른 언덕길

숨을 몰아쉬며 걸어 온
나의 길

포기하고 싶을 때 손 내밀어준
그대 덕분에

저녁노을이
더 아름답게 보인다

나의 삶에
평탄한 길이 펼쳐지는 건

열정이 담긴 배려로
꿈과 희망을 안겨준
그대 덕분이다.

내 인생은 한 송이 꽃

이 땅에 떨어진 꽃씨 하나
누가 시샘했을까

꽃샘바람이
아무리 매섭게 몰아쳐도

초원을 감싸고 있는 들풀들은
수많은 꽃을 피우며
저마다의 향기를 내뿜는다

매서운 세파에 시달리며
셀 수 없이 많이 넘어졌지만

나도 이제는
나의 삶의 안식처에서
사랑하는 이들과 정을 나누며
아름다운 꽃을 피우고 있다.

코스모스 길

맑고 고운 하늘
따사로운 햇살이 가득한 날
코스모스 한들거리는
길을 걷다가

바람에 흔들리는
가녀린 코스모스처럼
그대를 그리워하는
내 마음 가눌 길 없어

한 잎 따서
바람에 실려 보낸다

내게 행복을 가져다 주는
풋사랑처럼 아름다운
그대를 기다리며

무지갯빛 설렘으로
코스모스 길을 걸으며
오늘도 하루를 달랜다.

향기 가득한 곳에
-전창근 목사

정이 넘치는 이야기들로
서로를 위로하며 함께 지내 온
우리의 추억은
세월이 흘러도 변함없이
마음속에 강렬하게 남아있다

어느 곳에 있든지
따뜻한 햇살처럼 나를 비춰주는
고마운 그대

꾸밈이 없는 미소로
진실한 마음으로
사랑을 나눠주는 그대

나에게 있는 소중한 것을
아름답고 귀하게 여겨주는

그대의 향기 가득한 곳에
언제나 변함없이 머물고 싶다.

좋은 인연

어두운 벼랑으로 떨어진 것 같은
기나긴 고통의 세월 속에서
눈물을 삼키며 걸어가던
나의 인생길에
환하게 등불을 밝혀주며
동행하던 그대

파란 하늘과 잘 어울리는
잔잔한 호수처럼
서두르지 말고 차분하게
새들 노랫소리에 귀 기울이고
꽃향기 맡으며
그렇게 살라 하네

오늘도
함께 걸어가는 그대는
나의 좋은 인연.

별을 쳐다보기

어둠이 서서히 밀려올 때
가만히 밤하늘을 바라보니
별들이 하나씩 둘씩 반짝거리며
나를 내려다보고 있다

밤이 깊어갈수록
더 빛을 발하는 저 별들
나를 보며 반짝반짝
반갑게 웃어주는 것 같아 정겹다

창가에 다가가 별을 쳐다보니
내게 별처럼 다가온 얼굴들이
하나씩 둘씩 떠오른다

내가 서 있는 자리를
더욱더 반짝이게 하는
소중하고 고마운 인연들이다

나도 별처럼 떠올라
외로운 이들을 비춰주는
그런 사람이 되고 싶다.

힘을 주는 말 속에 꽃은 핀다

창문으로 스며드는
달빛을 바라보며
따뜻한 말 한마디로
내 삶에 힘을 주고
희망의 씨앗을 심어주는
그대를 떠올려본다

늘 함께
같은 곳을 바라보며
힘든 인생길에
아픔을 감싸주고
진실한 마음으로
아껴주고 도와주며
부족함을 채워주는 그대

힘이 들더라도
희망을 품고 살아가라며
따뜻하게 속삭이는
그대의 말 속에
행복의 꽃이 피어난다.

감격의 순간이 올 때까지

살다보면 길이 보이지 않을 때가 있다
그럴 땐 가만히 눈을 감아보자

자동차를 운전하며
안개가 짙게 깔린 길을
질주하는 것 같은 우리 인생
미로 같은 인생길
선택은 항상 나의 몫이다

홀로 걸어가면
길 잃은 양 같을지라도
함께 걸어가면
서로에게 힘이 되지 않을까

지금 하는 일이 지지부진할지라도
살다 보면 일이 술술 잘 풀리며
오래전부터 소망하던 꿈이 이루어지는
감격스러운 날도 오겠지.

나를 아름답게 만드는 삶을 위해

세월이 흘러
내 기억 속에 남아있을
나만의 소중한 삶

이해할 수 없는 현실을
마주하게 되더라도

행복하기 위해
마음의 눈으로 바라보고

머리를 낮추고
겸손하게 살아가며

웃어주고 배려하고
인내하고 용서하며 살아야지

그대를 위해
무거운 짐을 기꺼이 짊어지고
불평하지 않고 묵묵히
함께 웃으며 살아가야겠다.

둥글게 둥글게 사는 인생

끝을 알 수 없는
짙은 안갯속 같은 나의 인생

복잡다단하고 아슬아슬한 세상
불안하고 고통스러운 날도 있고
즐겁고 행복한 순간도 있었다

수많은 만남 속에
꽃으로 다가온 인연들

남아 있는 순간들도
함께 같은 곳을 바라보며
둥글게 둥글게 살아가면 좋겠다.

장애물 넘기

세 살배기 아이에게
갑자기 다가온 장애인의 삶

살아온 날들이 힘들고 고달팠어도
가쁜 숨을 몰아쉬던 내 곁에 머물러 준
고마운 사람들이 있어

장애물을 넘어갈 때마다
징검다리 하나둘 놓였네
장애물을 넘어가면서
황혼을 맞이한 나의 삶

가야 할 길이 아무리 멀다할지라도
걸음을 멈추지 않으리라

편견과 비웃음의
높은 담장을 뛰어넘어
붉게붉게 사랑하며
기쁘게 살아가리라.

이것이 인생이다

아픈 기억들과 함께
썰물처럼 지나가 버린
힘들었던 지난 세월

걸어온 길이
멀고도 험난해서
어둠에 둘러싸였던
가련한 내 인생

폭풍우가 아무리 거세다 해도
지난 뒤엔 고요하듯

지독한 외로움도
그렇게 지나갔다

인생길 걸어가다 보면
바람처럼 구름처럼
잔잔해질 때도 있더라.

내 인생은 빨간 장미

나의 삶이
초라하고 쓸쓸하여

심히 외로워하며
사랑에 목말라
울고 있을 때

살며시 다가와
손을 내밀어준 그대

빛바랜 나의 삶에
사랑을 듬뿍 안겨주어

눈이 부시게 반짝이는 햇살 아래
빨갛게 물든 장미처럼

이제는
삶의 은은한 향내를
뿜어내게 한다.

4부

타오르는 촛불 하나에

주변이 밝아지고

간절한 희망 한 가닥에

마음을 가다듬게 되고

그대와 내 운명

봄날의 따스한 햇살처럼
부드러운 꽃향기를 품은
그대의 마음

무더운 여름날
더위를 피해 쉴 수 있는
쉼터와 같은 그대

내 인생 여정
스스로 헤쳐 나가야 하는
쓸쓸한 삶의 길에

평생을 함께할
그대를 만났다

위기와 기회가 공존하는
나에게 주어진 시간

한 치 앞도 알 수 없는 미래를
그대와 함께 가리라.

빈 잔의 자유를 보라

세월이 흐르면 흐를수록
삶의 늪에서 허우적거리는
아이러니한 인생

삶의 무게에 짓눌릴 때
조급한 마음은 더 커져가고

삶의 무게를 덜어낼 때
조금씩 여유로워지겠지

삶의 잔에서 욕심을 비워
그 빈 잔의 자유를 느껴보라

우리 삶의 잔은
가득 채우려 할 때보다
조금씩 비워줄 때
더 빛날 것이다.

산다는 것은

내 삶의 여정에 쌓여있는
그리움의 순간들이

녹록지 않은 세상 속에서도
내일을 꿈꾸게 한다

외롭고 쓸쓸하게 지내던
나의 마음에 살포시 다가와
포근하게 감싸 준 그대

거친 파도가 몰아친다 해도
그대 사랑이 머문다면
금방이라도 잔잔해질 것 같다

그대를 생각할 때마다
행복한 마음이
밤하늘의 별처럼 반짝거린다.

말의 무게

누군가의 말이나 행동이
자신의 생각과 다르다고
그 사람을 비난하거나
뒤에서 험담하며
가볍게 뱉어낸 한마디 말
누군가의 마음을 아프게 한다

아차
내가 실수했구나 생각될 땐
지체하지 말고 사과하자

무심결에 입밖으로 나온 말
때로는 사라지지 않고
주변으로 퍼져나가기도 한다

함께 살아가는 세상
상대방을 위해
나를 위해
조심스러운 한마디 말이
필요한 것 같다.

가을 엽서

가을하늘의 푸르름이
내 마음을 맑게 하고

붉게 물든 단풍에
내 마음이 따뜻해진다

떠나는 가을을
그대로 잡아둘 수 없어

나뭇잎에 그리움을 담아
상쾌한 갈바람에 띄운다

가을이 다시 올 때
사랑으로 맞이할 수 있게.

삶의 파트너

외로이 걸어가야 하는 길에
짝사랑하듯 함께 다니며
수많은 세월을 함께 걸어온

내 가슴에 별처럼 빛나는
그대

날마다 떠오르는
저 붉은 태양처럼
내 곁에서 힘이 되어주는

보석보다 더 소중한
파트너

나의 삶에
그림자처럼 함께하며

탄탄한 버팀목이 되어주는
그대가 있어 나는 행복하다.

어느새

청년의 때
열정이 넘치던
그때 그 청춘 남녀

꽃다운 시절 다 지나
검은 머리 희끗희끗해지고

저 푸른 나뭇잎 낙엽이 되고
어여쁜 장미꽃 시들어가듯

어느새
중년의 남녀가 되어버렸다

세월 앞에서는
어쩔 수 없다지만

그러할지라도
소중한 나의 삶을 위해
또다시 꽃을 심어야겠다.

박수 받을 때까지

외로움에 몸부림치던 순간
즐거워하며 환호하던 순간

이제는 모두
소중한 추억이 되었다

위대한 사람의 가치는
머물던 자리를 떠나고
누군가가 그 자리를 대신할 때
비로소 드러난다

비록 최고가 아닐지라도
지금 내가 머문 자리에서
최선을 다해야겠다

잘했다 박수 받을 때까지.

소중한 하나

좋아하는 노래 한 곡에
활기를 찾게 되고

타오르는 촛불 하나에
주변이 밝아지고

간절한 희망 한 가닥에
마음을 가다듬게 되고

그대가 보내는 한 번의 미소가
나를 웃음 짓게 하며

한결같은 그대의 사랑이
내 마음을 따뜻하게 감싸준다.

그대여 내게 기대어

그대 힘이 들고 외로우면
내 어깨에 기대어
잠시 쉬었다 가시게

내 어깨는 비록 작고 좁지만
그대 향한 그리움은
그 무엇보다도 크고 넓으니
내 마음의 숲으로
조용히 들어와
잠시라도 행복을 누리시게

세월이 흘러
그대 이름이
빛 바랜다 할지라도

나를 아껴주고 도와준
그대의 진실한 마음은
내 가슴에 새겨진
가장 아름다운 기억으로
남아 있을 것이네.

눈물 젖은 빵

오늘따라
비가 내리는 날 저녁에
남몰래 서럽게 울며 먹던
눈물 젖은 빵이 생각난다

힘들고 어려운 일에 부딪혀
슬픔이 몰려오더라도
억울하고 속상한 일로
낙망되더라도
하루만 더 견뎌보리라

깊어진 상처에서
피고름이 흘러내리더라도
원망하지 않고
잘 견뎌내며 이겨내리라

행복을 잡으려
너무 조급해하지 않고

하루하루
삶에 충실하다 보면

행복이 곁에 다가올 때가 있겠지

고통스러운 날에 먹던
눈물 젖은 빵이
이제는 고통을 견디게 하는 힘이 되어

지친 내 마음을 위로하며
살며시 미소 짓게 한다.

사랑의 실천은 왼손이 모르게

멀리 떨어져 있는 이에게
가끔 안부를 묻고

가까이에 있는 이에게
관심을 조금 더 기울이며

편하다고
너무 집착하지도
불편하다고
너무 싫어하지도 말자

오늘을 소중하게 여기고
지금 이 순간이
내 생애 최고의 때라 여기며

내게 베푸는 손길 부끄럽지 않게
내가 베푸는 손길
욕되지 않게 하리라

내 생각들이 쌓이고 쌓여
조용한 사랑의 열매를 맺기를 소망한다.

노을과 참새

들꽃이 아름답게 피어 있고
바다가 내려다보이는
작은 시골 마을에

황금 들녘을 날아다니는
참새 한 마리
가을 노을 바라보며 노래하고

코스모스를 찾아 날아온 나비는
가을 노을과 어우러져
나풀나풀 즐거이 춤을 춘다

바람을 벗 삼아
가을 노을 속을 날아다니며
뭉게구름 사이로 두둥실 떠다니는
참새를 바라보며

마음 깊숙이 스며드는
가을 향기에 젖어 든다.

그대의 눈을 보면

나의 삶에
산소 같은 그대

곁에 있는 것만으로도
마음이 포근해지고
하나가 되어가는 걸 느낀다

그대의 맑은 눈이
세상을 밝게 하고

그대를 바라보는 내 눈은
설렘으로 가득하다

그대의 아름다운 눈이
나의 마음속 깊은 곳에
사랑을 심어 놓는다.

가을과 낙엽

흐르는 세월을 따라
온몸을 붉게 물들이며
떨어져 내리는 나뭇잎
그리움과 함께 쌓여가고

고요하고 쓸쓸한 이 가을에
고운 옷을 입고
춤을 추듯 내려오는 낙엽들
지나온 날들을 돌아보게 한다

외롭고 쓸쓸했던 시간들 속에
쌓이고 또 쌓이는 그리움
나의 추억 속으로
곱디고운 인연들이
하나씩 둘씩 스며든다.

그대에게

여기저기서
향긋한 꽃향기 솔솔 풍기며

시원하고 깨끗한 가을 이슬
온 땅을 적셔주고

따사로운 가을 햇살 따라
또르르륵 방울새 노래하니

나에게 미소 짓던
그대 모습 떠오른다

꽃보다 아름다운 그대 미소
나를 기쁘게 하니

기쁨으로 솔솔 풍기는 고운 향기
그대에게 날려 보낸다.

세월의 강

그렇게 화려하진 않았지만
무언가에 열중하며 지냈던 청춘 시절
영원할 것 같았던 그 시절이
이제는 추억이 되어버렸다

험난한 인생 여정에
견디다 못해 포기하고 싶을 때
따뜻한 손 내밀어 준 나의 동반자

흐르는 세월을
온몸으로 부딪히며 살아온 그대

세월은 한순간에 지나가고
남은 세월 가늠할 수 없기에
흐르는 세월을 아쉬워하는구려

그대가 견뎌낸 세월은
건널 수 없는 강에 모두 내려놓고
하루하루
낮과 밤을 함께하며
또 다른 추억을 만들어보세.

뿌리 깊은 나무
—고현권 목사

비바람 몰아치고
눈보라가 휘날리는
엄혹한 세월을 견뎌내며

따뜻한 햇살 아래
당당하게 서서
묵묵히 자리를 지키는
듬직한 모습으로
뭇사람의 마음을 보듬어주는
뿌리 깊은 나무를 본다

나의 가는 길이
어두움이 짙게 깔린
험하고 머나먼 길이라 할지라도

내 인생에
뿌리를 깊이 내리며
당당한 모습으로 서서
누군가를 보듬어주고 싶다.

가면 속 나의 모습

한 송이 백합꽃처럼 하얀 그대의 미소는
나의 맘을 덮어주는 가면

가면을 쓰고 있으면
나도 모르게 용기가 나고
나의 약한 모습을 감추어 주니
자신감이 넘쳐난다

그대 미소에 묻어나는 향기
하루의 시작을 상쾌하게 하는
내 마음의 가면

가면을 쓰면 보이지 않는 힘이 생겨
나를 힘들게 하는 사람을
당당하게 대할 수 있다

주저앉고 싶었던 삶의 길목에
피눈물 흘리도록 고단했던 세월이지만
행복의 가면을 쓰고 있으니
절망적인 상황에서도
희망을 바라보게 된다.

흘려보내기

흐르는 세월 따라
생각과 마음을 흘려보낸다
새로운 생각과 마음을 담을 수 있게

미래를 두려워하는 이에게
용기를 흘려보낸다
두려움에서 벗어나
현재에 집중할 수 있게

외로움이 있는 곳에
사랑을 흘려보낸다
사랑이 차곡차곡 쌓여
더 이상 외롭지 않게

절망이 있는 곳에
희망을 흘려보낸다
끊임없이 도전하여
행복을 찾을 수 있게.

인생의 맛

속절없이 흐르는 세월 속에
계절의 순환을 담담하게 바라보며

마음이 통하는 사람들과 오순도순
함께 웃고 함께 눈물 흘리고
인생의 맛을 느끼며 살아간다

삶의 벼랑 끝에 내몰려
처절하게 살아가는 나를
등에 업고 뛰어주는 그대가 있어

연약한 나 자신에게
미소 지으며 살아갈 수 있었다

길다면 길고 짧다면 짧은 인생
세월은 내 의지와 상관없이 흘러가지만

내게 주어진 소중한 시간은
행복한 인생의 맛을 느끼는
따뜻한 순간들이 많았으면 좋겠다.

| 해설 |

타자의 손길로 되살아나는 존재의 온기

손근호(시인·평론가)

    김소연 시인의 세 번째 시집 『어둠을 밝히는 그대』는 고통과 상실 속에서도, 타자의 존재가 건네는 다정한 응답이 삶의 맥을 회복시키고 인간 존재를 새롭게 쓰게 하는 과정에 주목한다. 그래서 시집 안에서 '그대'는 삶의 균열 사이를 비추는 빛이자, 무너진 자아를 일으키는 온기로써 반복적으로 호출되기도 한다.
    특히, 김소연 시인의 시는 감정이 아닌 '관계'에서 출발한다. 일상 속에서 쉽게 스쳐 지나갈 수 있는 존재들을 통해, '연결'의 윤리를 성찰하는 점이 돋보인다. 소재는 흔하지만, 그것을 바라보는 시선은 결코 흔하지가 않다. 표현 방식도 직유나 은유에 머무르지 않고 '삶의 겹'을 더듬는 방식으로 전개된다.
    주제를 형상화하는 방식에선 묵직한 침묵과 고요함이 특징적이다. 그녀의 시는 말보다 더 조용한 감각으로, '그대'라는 타자를 중심에 놓고 자아와 세계를 새롭게 꿰어낸다. 감정의 과잉 없이 절제된 언어로 타자의 윤리를 직조해 내는 시적 태도는 감성보다 인식을 중시하는 고요한 시적 사유로 평가된다.

다음의 네 가지 키워드로 시집 『어둠을 밝히는 그대』를 살펴보고자 한다.

1. 관계의 윤리로서의 시적 위로

김소연 시인의 시편들은 존재의 의미를 타자와의 관계 속에서 성찰하게 한다. 이는 인간이 독립된 자아로서 홀로서기보다는 타자와의 만남 속에서 자기를 발견하고 위로받으며 삶을 재구성해 간다는 철학에 기반한 것으로 보인다. 따라서 바로 그러한 만남의 윤리, '상호 관계를 통한 존재성 획득'이라는 주제 의식 아래에 시들을 정연하게 엮어낸다. 고독과 외로움이라는 인간 실존의 밑바닥에서 따뜻한 존재 하나가 내민 손길은 단순한 위로를 넘어서 삶의 재도약을 가능케 하기 때문이다. 이 시편들은 누군가 '그대'라는 이름으로 다가올 때, 삶이 환히 밝혀지고 고통은 의미화되며, 시간은 추억으로 정화된다는 진리를 노래한다.

"인간은 '너'라고 말할 때 비로소 '나'가 된다." 마르틴 부버의 이 철학적 명언은 시 전체를 꿰뚫는 핵심 원리이다. 시인의 목소리는 자아에 갇힌 독백이 아니라, 타자에게 말을 건네고 그 응답 속에서 자기를 재인식하는 대화적 인간의 목소리이기 때문이다. 그리고 이 시들 안에 등장하는 "그대"는 단순한 사랑이나 동경의 대상이 아니라, 인간 존재의 고통을 분담하고 함께 견뎌주는 윤리적 주체다.

먼저, 시 「내 인생의 가로등」에서 "홀로 걸어가야 하는 인생길에/ 어두움이 짙게 깔려/ 고독으로 몸부림치던 나에게"라는 구절에서 시적 자아는 고독과 암흑 속에서 방황하던 중, 화자는 "내 마음을 밝게 해 주는 그대"를 만남으로써 삶의 방향을 되찾는다. 이 가로등은 단순한 상징이 아니라, 타자의 존재가 자아의 인생을 어떻게 밝혀줄 수 있는지를 형상화한 도상이다.

이어지는 시, 「딱따구리」에서는 '보호'라는 주제 의식이 부각된다. "강한 부리로 막아주는/ 그대는 나의 딱따구리"라는 구절은 단단한 현실 속에서도 나를 위해 싸우는 타자의 강인함을 노래한다. 이 시는 보호하는 타자의 존재가 나의 존재 안정성을 가능케 한다는 점에서, 관계 속의 인간 존재를 더욱 구체화한다. 이 딱따구리는 단지 조력자가 아니라, 시적 자아의 삶에 구조적 기반을 제공하는 존재이기 때문이다.

특히 돋보이는 시는 「그대를 만나는 날 내 잔이 넘치네」이다. 시 전체가 성서적 시어 "잔이 넘치네"를 반복적으로 차용하며, 타자를 통한 기쁨의 충만을 예찬한다. "괴로움으로 힘들어할 때/ 진실한 마음으로/ 나를 위로해 준 그대", 그리고 "그대를 만남으로 인해/ 내 잔에 기쁨이 차오르고"라는 대목은 관계 속에서 감정이 회복되는 과정을 밀도 높게 보여준다. 이때 '그대'는 현실을 넘어서는 초월적 존재로, 인간 구원의 상징으로 기능한다.

다음 시, 「키다리 아저씨」에서는 한층 더 정서적 안정과 신뢰가 강조된다. "맑은 호수 같은 눈으로/ 지그시 바라보며 위로해 주는"이라는 시구는, 관조적 사랑과 배려를 지닌 이상적인 타자의 이미지다. 키다리 아저씨는 동화적 인물처럼 등장하지만, 시에서는 철저히 현실적인 위로자다. 이 시는 단순한 감상적 애정을 넘어서, '받은 위로를 타자에게 되돌려주고자 하는 윤리적 전이'로 귀결되며 시 전체 주제의 순환적 완결성을 보여준다.

끝으로, 「세월의 강」은 시간 속의 관계, 그리고 추억의 공동 저장소로서의 타자를 제시한다. "흐르는 세월을/ 온몸으로 부딪히며 살아온 그대"는 인간을 견디는 존재로 형상화한다. 이 시의 타자는 단순히 위로자나 조력자를 넘어, 함께 '견뎌온 시간의 공동체자'로 확장된다. 이로써 이 시는 개인의 서사에서 관계의 공동 서사로 나아가며, 문학사적으로도 공동체적 감수성과 '관계의 윤리'를 회복하는 작업에 기여한다.

이러한 시편들의 정서와 주제는 한국 현대시가 보여준 전통적 정서, 즉 '한恨의 미학'을 따르면서도, 그것을 치유의 관계 속에서 해소하고 승화시킨다는 점에서 '포스트 감성시'의 정서를 공유한다. 특히 1980~90년대의 개인화된 서정시 이후, 다시 공동체적 감정에 대한 요청이 커지는 지금, 이 시집은 고립된 자아를 넘어서는 시적 상상력의 예시가 되기에 충분하다.

  결론적으로 이 시들은 감정적 언어를 통해 상호 주체성이 어떻게 구성되는지를 보여주는 섬세한 시적 실험이며, 상호 관계 속에서 인간 존재가 어떻게 깊어지는지를 철학적으로, 미학적으로 증명하는 아름다운 증언이다. "그대"라는 타자가 있기에 "나"는 위로받고 존재의 근거를 발견하며, 삶을 다시 일으킬 수 있다. 이 시들은 관계를 통해 존재를 회복하는 서정시의 본령을 다시 일깨워주는 귀한 문학적 성과다.

2. 삶을 살아가게 하는 내면의 온기

  우리는 살아가면서 수없이 많은 것을 잃고 또 얻는다. 그 속에서 끝내 놓지 않는 것이 있다면, 그것은 아마도 '추억'일 것이다. 「황혼의 사춘기」, 「추억의 사진관」, 「나에게 편지를 보낸다」, 「스트레스 날려 보내기」 등의 시들은 그 추억을 단순한 회상이 아닌, 현재를 살아가게 만드는 '자양분'으로 삼는 삶의 태도를 보여준다. 시편들을 관통하는 주제는 단순한 회상이나 감상에 머무르지 않고, 삶의 무게를 기꺼이 껴안으며 청춘의 감각을 놓지 않으려는 고요하고 단단한 의지라고 할 수 있다.
  철학자 키르케고르는 "삶은 오직 뒤를 돌아볼 때만 이해되지만, 앞으로 살아가야만 한다"고 했다. 이 말은 이 시들에서 흐르는 정서와 놀랍도록 맞닿아 있다. 시적 화자들은 과거의 빛나는 한순간들을 되새기며 그것이 얼마나 아름다웠는지를 말한다. 그러나 그 과거는 단지 향수의 대상이 아니다. 그것은 지금을 살아내기 위한 연료이며, 미래를 더 밝게 만들기 위한 내면의 불꽃이다.

먼저, 「황혼의 사춘기」는 이러한 태도의 출발점이다. 시는 황혼의 시기를 단순히 인생의 끝자락으로 보지 않는다. 오히려 "자기 안에 있는 향기를／ 소중하게 가꾸어가는" 시기로 다시금 청춘의 감수성을 환기한다. '사춘기'라는 단어가 '황혼'과 연결되며 세월의 경륜 속에 남은 순수를 되살려낸다. 젊은 날의 노력과 헌신이 "아름다운 황혼의 사춘기"로 되돌아온다는 믿음은 곧, 삶이 결코 일방향적인 소진이 아님을 보여준다.

이러한 정서는 「추억의 사진관」에서 더욱 감각적으로 형상화된다. "내 마음속 액자에 걸어둔 사랑은／ 아직도 청춘인데"라는 구절은 사랑과 청춘이 시간에 의해 닳아 없어지는 것이 아니라, 마음속 어딘가에서 여전히 살아 있다는 점을 말한다. "더 예쁘게／ 더 멋지게"라는 바람은, 단지 과거를 미화하려는 욕망이 아니라, 그 시절의 순수함을 미래로 다시 가져오려는 다짐처럼 느껴진다. 사진관이라는 이미지 또한 기억을 단단히 고정시키는 매개로 작용하며, 추억을 현재화하는 시적 장치로 기능한다.

이와 같은 기억의 현재화는 「나에게 편지를 보낸다」에서 뚜렷하게 드러난다. 시는 계절의 변화에 삶을 빗대며, 차가운 현실을 견디는 방법으로 내면의 희망을 노래한다. "푸른 잎이 다 떨어졌어도／ 아직 살아 있는 저 나무들처럼"이라는 대조적 이미지 속에는, 비록 외적 청춘은 지나갔더라도 내면의 생명력은 여전히 살아 있다는 인식이 담겨있다. 여기서 중요한 것은 이 희망이 공허한 이상이 아니라, "여전히 행복한 삶을 노래하고／ 푸른 꿈을 꿀 수 있기에"라는 구체적인 감정으로 이어진다는 점이다. 시는 스스로를 위로하면서도 동시에 독자에게도 조용한 격려를 건넨다.

마지막으로 「스트레스 날려 보내기」는 앞선 시들에 흐르는 순수와 긍정의 정조를 일상적 언어로 풀어낸다. 이 시는 삶의 스트레스를 해소하는 지혜를 말하면서, 감정에 휘둘리지 않고 그것을 바람처럼 흘려보내는 태도를 제안한다. "마른 솔잎 태우듯 조용히"라는 표현은, 감정을 억제하는 것이 아니라 적절히 처리하고 흘려보내는 삶의 기술을 말한다. "어린아이처럼 맑은 눈으로/ 세상을 바라보며"라는 구절은 전작들에서 말한 '청춘의 감각'을 다시 한번 일깨운다. 이것은 단순한 감정 통제가 아닌, 인생 후반기에 접어들어서도 내면의 본질적 감수성을 잃지 않으려는 태도로 읽힌다.

이 시들 속에는 사실주의적 생의 감각과 낭만주의적 감성의 교차점이 있다. 감상에 빠지지 않으면서도 삶을 긍정하고, 자연과 계절의 이미지를 통해 인생의 흐름을 묘사하는 방식은 고전적인 서정시의 정통을 따르면서도, 현대인의 정신적 안식처로서의 '추억'을 보다 적극적인 생의 자산으로 재조명하고 있다는 점에서 매우 특별하다.

결국 이 시들은 하나로 흐르는 시냇물과 같다. 삶의 각기 다른 면모 — 회상, 희망, 위로, 인내 — 를 담고 있으면서도, 모두 하나의 주제로 수렴된다. 바로 '순수했던 젊은 날의 추억'이 지금의 나를 살아가게 한다는 믿음이 그것이다. 시는 과거를 붙잡지 않으면서도 과거에서 비롯된 정서와 감각을 소중히 여긴다. 그 과거는 사라진 것이 아니라, 시를 읽는 이의 마음속에서 여전히 피어나고, 또 살아가는 원천이 되기 때문이다.

3. 고요한 통찰의 언어들

삶은 언제나 우리 앞에 두 개의 얼굴을 내민다. 고통과 기쁨, 상처와 회복, 외로움과 동행. 이 상반된 흐름 속에서 우리는 질

문을 던지고, 때로는 침묵하며, 때로는 시를 통해 그 답을 더듬어간다. 이 시들은 그 과정을 고스란히 품고 있다. '삶의 섭리에 대한 깨달음'이라는 주제 아래 통찰의 언어로 직조한 시들은 단순한 정서의 표출을 넘어, 인간 존재의 본질적인 길을 묵직하게 성찰하고 있으며, 시인이 삶을 어떻게 받아들이고 살아내는가를 통해 독자 또한 잔잔한 깨달음에 이르도록 돕는다.

독일 철학자 니체는 "자신의 '왜'에 대답할 수 있는 자는 거의 모든 '어떻게'를 견뎌낼 수 있다"고 했다. 이 말은 시인의 삶의 태도, 그리고 시 전편을 관통하는 내적 자세를 명확히 보여준다. 시인은 고난과 아픔, 분리와 절망을 겪되 그것을 외면하지 않는다. 오히려 그 중심을 응시하고, 스스로 그 안에서 '왜' 살아야 하는지에 대한 이유를 찾고 있다. 그 이유는 '시'이기도 하고, '동행'이며, '자기만의 꽃'이고, '뿌리 깊은 나무'이기도 하다.

먼저, 『어둠을 밝히는 그대』라는 김소연 시인의 세 번째 시집의 거의 표제 시라 할 수 있는 「시인의 마음가짐」은 그 모든 시의 정조를 여는 열쇠다. 시인은 슬픔과 불안이 깃든 현실 속에서 "시의 뜰"로 들어가고, 그곳에서 위로받으며 다시 희망을 얻는다. 시를 쓰는 행위는 단순한 창작의 기쁨을 넘어서, "눈물을 닦아주는", "희망을 안겨주는" 치유의 행위다. 이처럼 시인은 예술의 순기능을 믿으며, 예술이 삶의 고비마다 "나를 감싸주는" 온기로 존재할 수 있음을 보여준다. 이는 문학이 갖는 가장 본질적인 효용, 즉 '심미적 치유력'을 상기시킨다.

이런 정서는 「두 길」에서 더욱 인간적인 결로 드러난다. "그대와 나"가 함께 가지만, 결국 "각자의 길"을 걷는다는 사실은 인생의 본질을 간명하게 요약한 구절이다. 이는 공존과 독립, 사랑과 자율이라는 인간관계의 양면을 깊이 있게 다루기 때문이다. 누군가를 사랑하되 그 사람을 소유하거나 동화시키려 하지 않고, 다름과 함께 걷겠다는 성숙한 자세는 현대적 삶의 윤리의식을 제대로 보여준다. 삶의 길은 결코 단일하거나 평탄하지 않음을 인정하면서도, 시인은 "잔잔하게 서로를 감싸주며" 가겠다는 다짐으로 이 시를 닫는다.

그래서 「삶이 묻는다」는 그러한 인생 여정의 본질을 더 직접적으로 성찰한다. "살아보니 좋은 일도 나쁜 일도 영원하지는 않은 것 같다"는 고백은 단순하지만 결코 가볍지 않다. 그것은 통과한 자만이 말할 수 있는 문장이기 때문이다. 여기에는 단지 감정의 진폭이 아니라, 삶을 관통한 지혜가 깃들어 있다. 이 시에서 특히 주목할 대목은 "삶의 문제에 부딪히며/ 답을 찾아가는 것이/ 우리네 인생 여정이다"라는 구절이다. 이는 삶을 고정된 진리로 보지 않고, 계속 질문하며, 다시 살아내는 과정으로 이해하는 태도이기 때문이다.

나아가, 「꽃에게 배운다」는 자기 긍정의 철학을 한층 더 섬세하게 풀어낸다. "비교"에서 벗어나 "자기만의 꽃을 피우는" 존재가 되겠다는 다짐은 현대인의 내면적 혼란과 갈등을 해소할 실마리를 제공한다. 이 시는 특히 생태주의적 미감과 개인주의적 성찰이 어우러진 작품으로, '자연'으로부터 삶의 방식을 배워가는 자세가 인상적이다. 이는 20세기 이후 문학의 중요한 흐름인 '에코포엣리eco-poetry'와도 맞닿아 있으며, 비교에서 해방된 자아의 발견이라는 현대 문학의 주요 주제를 성실히 구현하고 있다.

「뿌리 깊은 나무」는 전편의 메시지를 응축한 작품이다. 비바람과 눈보라를 견뎌내고도 묵묵히 자리를 지키는 '나무'의 이미지는, 인간이 지향해야 할 삶의 자세를 상징적으로 드러낸다. 시인은 여기서도 "내 인생에 뿌리를 깊이 내리며"라고 말하며, 흔들리는 세상 속에서도 중심을 잃지 않겠다는 다짐을 보여준다. 이러한 시인의 자세는 한국 현대시가 '참다운 인간됨'과 '자기 존재의 심화'를 추구해 온 문맥 속에서 깊은 울림을 준다.

언급된 시들은 하나같이 형식적으로는 간결하지만, 그 안에 담긴 통찰은 결코 얕지 않다. 이는 한국 현대시가 언어의 밀도보다 삶의 진정성으로 독자와 만나는 하나의 방식이자, 이 시 또한 '공감의 미학'이 살아 있는 시적 전통의 현재적 실현으로 평가되기 때문이다. 시들은 각각 독립된 주제와 정서를 갖고 있으면서도, 삶에 대한 성찰과 수용이라는 공통된 심연을 함께 나누고 있다. 그것은 아픔을 외면하지 않고, 그 안에서 희망을 길어 올리려는 시인의 자세이며, 우리가 문학을 읽는 이유이기도 하다.

4. 사랑만이 구원이다

시는 인간 삶의 본질을 성찰하고, 그 해답을 사랑이라는 보편적이고도 숭고한 감정에서 찾아내는 장르이다. 따라서 시들을 관통하는 정서는 다정하고도 깊은 연대의 의지이며, 각 시는 다른 시공간과 감정의 국면 속에서도 일관되게 사랑을 실천적 구원으로 제시하고 있다. 단순한 낭만적 사랑이 아니라, 인내하고 견디며 주는 사랑, 웃음을 매개로 번져가는 사랑, 모성애로 구현된 사랑, 공동체적 환대로 드러나는 사랑, 침묵 속에서 묵묵히 실천되는 사랑 등이 그것이다.

철학자 에리히 프롬은 "사랑은 능동적인 관심이며, 이해와 존중, 돌봄의 결합이다"라고 말한 바 있다. 이 명언은 이 시집의 전반을 꿰뚫는 사유의 뼈대를 제공한다. 시들은 사랑을 정적인 감정이 아니라, 끊임없이 '건네고', '베풀고', '참으며', '버티며', '기다리는' 능동적 행위로 그린다. 이 사랑은 어떤 종교적 교리보다도 깊고, 윤리 강령보다도 현실적이며, 인간을 구원하는 유일하고 실제적인 힘으로 등장한다. 특히 오늘날처럼 개인주의와 분절된 관계가 일상화된 시대에, 이 시들은 시적 언어로 그보다 앞선 인간 본연의 태도-즉, 사랑을 다시 호명하고 있다.

시 「단 하나의 가치」에서 시인은 삶의 고난과 어둠 속에서 "자그마한 한 자루 촛불", "짧은 노래", "밝은 미소" 같은 작은 실천들을 소중히 여긴다. 이 소소한 행위들이야말로 "가치 있는 것들"로 시인의 눈에 비친다. 그러나 그 모든 것을 아우르는 "단 하나의 가치"로 시인은 결국 "아낌없이 주는 사랑"을 꼽는다. 사랑은 인간이 인간다울 수 있게 하는 본질이며, 시인은 이를 통해 삶의 모든 불확실성 속에서 유일하게 믿을 수 있는 구원의 빛을 제시한다.

이러한 사랑은 시 「사랑의 묘약」에서 웃음이라는 매개로 구체화된다. 여기서 웃음은 단순한 기분 좋은 반응이 아니라 "내 마음의 매듭을 스르르 풀"만큼 강력한 치유의 힘으로 등장한다. 시인은 "주는 만큼 다시 채워지는" 사랑의 상호성과 선순환을 노래하며, 웃음이 "최고의 묘약"이라는 정서적 진리를 시화한다. 사랑은 주고도 고갈되지 않으며, 오히려 공유될수록 깊어지고 충만해지는 것임을 보여주는 대목이다. 이처럼 사랑은 개인의 정서 안에 머물지 않고, 타인과의 관계 속에서 증폭되고 공동체 전체로 파급된다.

사랑의 가장 숭고한 형태는 시 「어머니의 인생」에서 드러난다. 어머니의 삶은 "폭풍 속을 걸어가는" 고난의 연속이지만, 시인은 그 고난을 회피하거나 비관하지 않는다. 오히려 그 속에 "조건 없는 사랑", "고군분투", "든든한 버팀목"이라는 무형의 가치들이 존재한다는 것을 강조한다. 여기서 사랑은 인생의 본질이자 실존적 과업이다. 이렇게 고통을 감내하고 책임을 짊어지는 모성애는 단순한 가족의 테두리를 넘어, 인간 존재의 기반이 되는 보편적 사랑으로 확장된다.

시 「초대장」은 공동체적 사랑의 공간을 마련한다. "고난과 시련"의 현실을 부정하지 않으면서도, 시인은 따뜻한 차 한잔과 편안한 대화를 통해 우리가 도달할 수 있는 사랑의 공동체를 제안한다. 이 시는 사실상 독자들에게 '사랑의 공동체'로의 초대를 건네는 선언문이다. 힘겨운 현실을 함께 이겨낼 수 있다는 믿음, 그리고 "일곱 빛깔의 고운 무지개"로 상징되는 희망은 사랑이 곧 새로운 세계를 창조할 수 있는 가능성이라는 사실을 암시한다.

마지막으로 「사랑의 실천은 왼손이 모르게」는 진정한 사랑의 윤리적 실천을 강조한다. 사랑은 거창한 것이 아니라 "가까이에 있는 이에게/ 관심을 조금 더 기울이며", "편하다고/ 너무 집착하지도/ 불편하다고/ 너무 싫어하지도" 않는 절제된 태도에서 비롯된다. 이 시는 동양적 미덕인 겸허함과 '묵묵한 도덕'을 현대적으로 재해석하고 있으며, 사랑이 단지 감정이 아니라 '생각들이 쌓이고 쌓여' 이룩되는 태도임을 보여준다. 이처럼 사랑은 일상의 습관이자 실천이어야 하며, 눈에 띄지 않아도 사람의 내면을 변화시키는 위대한 힘으로 자리매김한다.

이 시들 안에서 감정의 과잉 없이 담백하게 전개되는 시어들은 오히려 사랑의 본질을 더욱 투명하게 드러내며, 현대인의 피로한 삶 속에서 사라져가는 '사랑의 윤리'를 회복하려는 시적 움직임의 일부로 읽힌다. 기계적 문명과 감정의 단절이 일상화된 오늘, 이 시들은 문학의 원초적 기능-즉 인간의 내면을 일깨우고, 관계를 복원하는 힘-을 재확인시키는 작품으로 평가할 만하다.

결국 '사랑만이 구원이다'라는 선언은 단지 낭만적 구호가 아니라, 실천되고 증명된 언어이며, 삶의 온갖 모서리를 둥글게 만드는 궁극의 해답이다. 사랑이 모든 고통과 갈등을 일거에 해결하지는 못하더라도, 우리가 버텨야 할 이유, 걸어가야 할 방향, 마주해야 할 관계의 본질로서 '사랑'은 여전히 유효하며 필연적이기 때문이다.

요컨대, 김소연 시인의 시 세계는 크게 세 가지로 구분할 수 있다.

첫째, 그녀의 시 세계는 고독의 심연에서 타자를 기다리는 윤리적 감각에 닿아 있다. 인간의 내면은 언제나 비어 있는 채로 타인을 향해 열려 있으며, 그 결핍을 통해 존재는 깊어진다.

둘째, 기억을 현재화하는 시적 상상력이 강하다. 과거의 추억은 단순한 회상이 아니라, 지금의 삶을 지탱하는 에너지로 작용하며, 시간은 직선이 아닌 원형의 감각으로 흐른다.

셋째, 삶의 고비마다 시로 돌아오는 존재론적 자세가 두드러진다. 고통이나 이별, 침묵을 무화하지 않고, 오히려 그것들을 품에 안은 채 시로 건너가려는 실존의 의지가 시 세계 전체를 관통한다.

시집 『어둠을 밝히는 그대』는 2000년대 이후 고립된 개인의 서정에서 벗어나, 다시 관계의 가능성과 공동체 감각을 복원하려는 한국 현대시 흐름의 일환으로 주목된다. 정념이 아닌 관계로서의 서정을 탐색한다는 점에서, '포스트서정시'의 또 다른 분기를 열며 한국 현대시의 감수성 지형에 의미 있는 균열을 만들기에 충분하다. 특히 이 시집은 '윤리적 상상력'을 문학 안으로 끌어들인 드문 사례로 평가받을 수 있다.

김소연 시인은 감정의 격랑을 좇기보다는 고요한 언어를 통해 삶을 가로지르는 길을 제시하는 문인이다. 이는 독자에게 감성적 동요보다 내면을 성찰하도록 돕는다. 앞으로도 그녀의 시가 타자성과 존재성, 시간과 기억이라는 주제를 더욱 확장된 미학적 깊이로 탐구를 지속한다면, 한국 시문학에서 서정성의 윤리적 진화를 보여주는 중요한 지점이 될 것으로 기대된다. 감정보다 깊은 울림, 그 가능성은 여전히 열려 있기 때문이다.

그림과책 시선 328

어둠을 밝히는 그대

초판 1쇄 발행일 _ 2025년 8월 21일

지은이 _ 김소연
펴낸이 _ 손근호

펴낸곳 _ 도서출판 그림과책
출판등록 2003년 5월 12일 제300-2003-87호

03924 서울특별시 마포구 월드컵북로54길 17 821호
　　　(상암동, 사보이시티디엠씨)
　　　　도서출판 그림과책
전화 (02)720-9875, 2987 _ 팩스 (02)720-4389
도서출판 그림과책 homepage _ www.sisamundan.co.kr
후원 _ 월간 시사문단(www.sisamundan.co.kr)
E-mail _ munhak@sisamundan.co.kr

ISBN 979-11-93560-35-8(03810)

값 12,000원

이 책의 판권은 지은이와 그림과책에 있습니다.
잘못된 책은 교환해 드립니다.